EL SILENCIO DE LOS MIRLOS

Copyright 2010 by Alejandra Planet Sepúlveda

All rights reserved

ISBN 978-0-557-90339-9

ALEJANDRA PLANET

EL SILENCIO DE LOS MIRLOS

*"¿No viste entre sueños
por el aire vagar una sombra,
ni sintieron tus labios un beso
que estalló misterioso en la alcoba?"*

Gustavo Adolfo Bécquer

SOLAMENTE

Si me ves distraída

Con la palabra vaga,

Como rehén del tiempo

Es tan solo…

Una pena oculta

Que sacude, golpea

Y tuerce el alma.

Si me ves alerta

Con mis desequilibrios,

Con mis tormentos

Es tan solo…

La pena que no me suelta.

Cómo hago, dime, para vivir

Si los mirlos se callan uno a uno,

Dejándome aquí, en silencio,

Imaginando sus rostros.

A UN POETA

No supe de ti.

No supiste de mí.

Tus ojos celestes, distantes,

Vendados a mis trenzas negras

No se alzaron a ver mi alma.

Y sin embargo,

Eres el fantasma que tilda mis versos,

El que merodea mis palabras,

Un incesante poeta que toma mi pluma.

El abuelo que se acerca entre comas

Y puntos suspensivos.

Se suspende la noche,

Su destino es una estrella,

El mío, mirarla y encontrarte.

TIEMPO

El reloj cumplirá años cada instante,

Tic tac tic tac.

Él es lo que era,

Un buen hombre

Que cumplirá años en mi memoria…

¡Oh Dios! a veces…

Olvido su rostro

Como a veces…

Olvido el color del cielo.

EL SAUCE

A mi padre

Yo no sé de plantas ni de ríos,

No conozco de raíces ni de cauces

Pero alguna vez…

Un sauce fue mi cobija.

Grande y fuerte era su tronco,

Generosas y graciosas sus ramas,

¡Qué alegre se veía mi querido sauce

Cuando la vida acariciaba!

Como un atardecer dormido,

Las aguas se tornaron negras

Y en un instante perdido,

El río se lo llevó.

Tu alma junto a mí

Y tus huesos vagando

En losas ajenas…

DONDE HABITE EL RECUERDO

A mi padre

Atisba tu ausencia

Esta noche sin tango.

¡Me faltas!

No apartes tu sombra

De la desolada figura

Que me envuelve.

No te confundas

Si me ves de carcajadas llena,

No, no te confundas,

Acurrúcame a tu lado,

Como antes, como hace tanto

Que la agonía la llevo oculta,

Escondida en la sonrisa diaria.

Tus oídos se adelgazan

Y tus ojos, dos mares cerrados

Se confunden en tibia oscuridad.

DESDE LO SUTIL

Si pudiera gritar: ¡Despierta!

Lo haría con palabras mudas

Para no asustarte, amor,

Jamás al amanecer.

Si pudiera gritar: ¡Te amo!

Lo haría con estelas en el cielo

Para alegrarte, amor,

Por siempre al atardecer.

Si pudiera gritar: ¡Te espero!

Lo haría con un baile de estrellas,

Para que no me olvides,

Nunca al anochecer.

Entregada a tus turgencias,

Eludía la muerte, olvidaba la vida…

AMOR ETERNO

Podrán caerse las estrellas del cielo,

Podrá apagarse la Luna,

Y la noche ser un huerto vacío;

Podrán las olas curtirse de sal,

Podrá llenarse de sequía la Tierra

Y ser un manto de hojarasca;

Podrá la muerte arrodillarse en mi lecho

Y podrá el viento llevarse mis cenizas,

Pero nunca, nada ni nadie,

Podrá arrancar de mi alma,

El ímpetu de tu amor.

La tierra me dice que eres mío.

Y el cielo me susurra: "para siempre".

LA VOZ

En medio del desierto

Una voz se oye sin aliento,

Cansada de buscar un oído

Que la pueda escuchar.

En momentos parece ser eco

Del aullido de un zorro plateado

Y a veces, un susurro del viento norte.

Pero es aquél, un murmullo tibio

De polvo de estrellas.

Va con la brisa nocturna

Queriendo decir:

"¡Estoy aquí!"

Así te pienso, así te veo,

Así te escucho, así te siento:

En los sueños y en el viento,

En la naturaleza toda.

EN TODO ESTÁS TÚ

En la arena escribí tu nombre,

Y el vaivén caprichoso de las olas,

No lo quiso borrar.

En los cielos nocturnos

Plasmé tus ojos claros, dos estrellas,

Y el día no los quiso mitigar.

En los montes guardé tu risa alegre,

Y el eco de los valles, vil celoso,

Me la quitó.

Y por fin, amor, te pude ver

En la noche desnuda, tan tuya,

Donde tu candidez me enloqueció.

SENTIDOS

Anoche te encontré.

No dejé a mis labios murmurar.

Retiré los inventos de mi mente,

La irrealidad de mis sentidos.

Cubrí mis oídos,

Escuché tu silencio;

Cerré mis ojos,

Vi tu silueta;

Dormí mis manos,

Palpé tu sombra;

Y esa noche sibilina,

Arrebolada, poseída,

Sentí el dulce sabor de un beso tuyo.

Sobre mis pasos oscilantes

Va la luna en su agónico delirio,

Hurgando mis secretas alboradas.

SONETO A TU PRESENCIA

"Quédate aquí conmigo, con el viento,
Con la luz y el sentir emocionado,
Acurruca tu cuerpo a mi haz dorado,
Para oír el suspiro de tu aliento."

Esa palabra muda en un momento,
Fue pedazo de cielo confesado
En el silencio del rumor cantado
Y lloré emocionada mi contento.

Y di la llave al mundo del secreto,
El de la noche larga, alta y dormida
¡Sabrás que "loca" me llamó la gente!

En este amanecer que está tan quieto,
Un lazo de razón me tiene unida
Al fulgor de tu canto floreciente.

Me gusta la boca sin mordaza,
La que muerde la mentira...
Mi lengua busca asilo,
En medio del teatro del mundo.

A LA VID

Con el íntimo suspiro de los hombres,

Sopla el viento hacia las viñas,

Suave, tibio, fugitivo

Y ahí estás tú, la que da sombra

A esta escondida pena...triste carga.

Entre los surcos de tus pies morenos,

Te confieso mis ausencias,

Encantada, seducida

Con la divina sangre de tu vientre

Y al compás del cimbrado de tus brazos,

Yo te cuento, tú me cuentas

De los amores de antaño.

El tuyo fue romano, fue fenicio,

Tal vez una cepa griega.

Y los míos… errantes golondrinas.

Siente la deficiencia de tus sentidos,

Para que no olvides mañana,

Lo que los invisibles te dan.

YO TE BUSCO

Yo te busco en las auroras,

En el ocaso ardiente, en las aguas frías

Y en medio de la vida.

Y te busco más allá,

Donde el silencio y las sombras

Se vuelven cómplices, un nudo ciego

Que turba mi razón.

Busco llaves escondidas

Para abrir cajas de Pandoras,

Miel de luna, guía de astros

O torbellinos de esperanza

Con una promesa vaga

Que calle el alarido de un alma triste.

Y llegan las creencias como fuegos

En el manto negro de la noche.

Esas ideas donde se pierden los sentidos

Y me confundo, me tropiezo

Con preguntas que son quejidos

Como si supieran desde siempre,

Que no hay respuestas para ellas.

No saber si andas junto a mí o eres viento,

Si eres cielo o si eres tierra,

Si me ves y no te veo,

Si escuchas mi lamento

Y no oigo tu consuelo

¡Qué castigo! ¡Qué misterio!

Así, en dos mundos me divido

Y como el sol asalta el horizonte

Con hilos amarillos

Y ciega al niño con su luz,

Así mi vida se estremece.

AUTORETRATO

Fatigada de las horas burdas
Ando descalza por las calles,
Torcida como la higuera,
Pensando, creando, soñando,
Oliendo a pólvora
De un minero empobrecido,
Que murió recogiendo estrellas,
Y de un soldado de medallas lleno.
¡Creo en el amor!
¡Benditas y suaves
Mariposas en el estómago!

Me muevo en híbrida condición
Mitad cuerda, mitad loca,
Seductora tímida
Que ama la vida y que ama la muerte
Con la misma intensidad.

Ebrios de tormentos,
Nos hallamos cara a cara,
Una noche de luna llena.

GRITO DE GUERRA

Rodeado de fantasmas,

Con el rostro tiznado y los pies ligeros,

Corres saltando carnes desgarradas

Y la noche parece un manto encendido,

Donde suben las almas silenciadas.

Flameas las banderas de luto, insomne,

Con la pena de un niño abandonado,

Mientras te aferras al fusil,

Bordando soledades.

Por la senda de nadie fue tu llanto,

Dejando huellas tintas en la arena,

En el silencio de tus pasos húmedos

REENCUENTRO

En aquel tiempo el mundo giraba ciego

Con el hacha y la mortaja,

Enredadas en mis trenzas.

Hoy, regresas

Con risa que disfraza el llanto,

Y en tus vencidos labios traes cardos,

Aromas de otras bocas.

Vuelves, estremecido de quebrantos,

Y acaricio tu sombra.

Surgen en un instante los ruiseñores,

Alegrías y encantos.

Seremos una tregua de luminarias,

Pues, en el pecho ya llevamos tatuadas,

Las llaves de nuestro destino.

Tan solos en medio del gentío,
Silenciosos entre el bullicio,
Extrañándonos...

ME MIRAS

Tus ojos son las olas azules

De un mar extranjero,

Que vienen hacia mí

Sobre las sombras, sobre tus tristezas.

Y me miras arrebolado,

Descubriendo mis secretos,

Tras el follaje donde me hallo oculta.

Vestido de una trémula osadía,

Desnudas mis pensamientos

Con la ternura que cobija tu mirada.

Tal vez, quizá,

Porque soy la paz y el consuelo

De tu alma atormentada,

Más que la mía, mucho más…

Mi vida,

Un mar hecho de retazos,

Donde la dicha juega a la ruleta.

VIDA

Vestiré este sueño con

Otros tantos más y…

Lo adornaré de mares infinitos,

Montañas, riscos y piedras.

Lo alumbraré con estrellas,

Astros y Luna,

Y cuando lo desvista,

Descubriré desde el ocaso

Que jamás he nacido.

Cada verso que te escribo,

Transmigra a las puertas abiertas

De tu alma enamorada.

ARTURO

Se descuelga un suspiro de la aurora

Cuando te recuerdo.

Presente en cada uno de mis años,

Educando con sonrisas, con amor

La tozudez de mis afanes.

Arturo bienaventurado,

¡Qué sentimiento encontrado!

Éste de abrazar la dicha,

Pues tus respuestas has hallado

Y éste de palpar tu ausencia.

¡Qué contradicción!

Éste de sentirte cerca y saberte lejos.

La embriaguez de las vísceras

Detuvo la marcha de sus pies,

Apagando la luz de sus sueños.

EL NIÑO DE LA GORRA

A Marcos

Por ciudades y por campos,
Va dejando huellas dispersas
De risa, canto y fumarolas,
El niño de la gorra.
No lleva zapatos,
Tampoco cinturón
Y camina sin cesar,
Buscando suerte y un amor.

Fruto de savia humilde,
Su ilusión noble se volvió,
Pero la vida lo dejó dormido
Entre viñas y bocanadas.

Ay, mi viejita linda,

33.945 amaneceres,

Indagando un lazo ausente.

FRENTE A TU ALMA

A María San Martín

Radiante viajera, atrevida,

Llegando a una tierra nueva,

A donde los oscilantes claveles,

Van como ramos flotantes,

Detrás de tu alma de niña.

Te veo en brazos de la madre ausente,

Amada por aquel aliento del hijo falto,

Olvidando las tristezas

De aquel libro entreabierto

Que fue tu vida prisionera,

Y sonríes, y cantas, y amas,

Y bebes la dulzura del amanecer,

Pues vives, más que nunca en esa senda,

Donde ansioso el amor te esperaba.

Llegó un sutil mensaje con el viento,
Notas de tu cantar solidario,
Venidas en un soplo ilusionado
¡Quizá un hermoso aliento!

ERES

A Raúl Silva Henríquez

Eres aquel Pastor de las virtudes,

El Padre de los pobres

Que henchido de valores y justicia

Bebió la sangre de los pies humildes,

Tocó, piadoso, la frente obrera

De tantas ilusiones silenciosas.

Y fiel testigo fuiste

Del cruel levantamiento al nuevo tiempo.

Las gentes desfilaron por los campos

Y tu pronta denuncia alzó mordazas.

Vertiendo en la prisión del inocente

Un gesto de paz, uno de amor.

En las alturas, más allá del cielo

Serás la musa del norte

Y Rembrandt pintará la flor de tu alma.

DULCE SEÑORA

A Gladys Serey

Un rumor de sol nortino,
Acaricia tu velo de novia
Y de tus manos brotan rosas
Que aroman las arenas del salitre,
Dejando estelas en el aire,
Mientras repican las campanas,
Embriagadas de dicha.

En esta noche silente,
Yo cuento sílabas para ti,
Y tal vez, al amanecer
Asome la fragancia de flores
Y yo sepa que eres tú,
La que viene a charlar encantada
De museos, pinturas y poemas.
.

Tempranos capullos de cerezos,
Alegres e inocentes,
Que al son del viento, ríen.
Aún no entienden aquel poder.

A AQUELLOS TANTOS

Yo sé de varios mirlos

Que andan revoloteando por la vida,

Efusivos, alborozados,

Pues, se creen inmortales

¡Qué alegría! ¡Qué bendición!

Saber que ellos, dichosos,

No han perdido el corazón

En el vuelo extenso de una bandada

Que azulada se desvanece.

Tus pies, andantes profundos

Del tiempo y la ternura,

No pueden dormir en el olvido.

ASOMADA A TUS OJOS

A Aníbal Rogel A.

Todo el conocimiento parecía
Inmerso en tus ojos dormidos.
No hay pereza, no hay descanso,
Hora tras hora, el trabajo.
Salía una paloma de tus manos,
Cuando oías del desconocido,
Su angustia y fiel tormento.

Hasta que una mañana de otoño,
Se astilló de hierbas tu lecho
Y tu vida huyó de a poco
Como un ave sin alas
Y el mundo se llenó de vértigo,
Pero tú... aún hablabas de amor.
Para ti no existen los adioses,
Pues, nadie olvida la mansedumbre.

Tiene hambre.
Dos ojos y un esqueleto.
Entre sus pequeños dedos
Se le escapa la vida.

BAJO EL CREPÚSCULO AFRICANO

Bajo el crepúsculo africano,
Aún golpea el sol como un rebenque,
Envejeciendo la tierra,
Arando surcos en su rostro
Y poniendo pliegues en su piel,
Donde las sombras desaparecen
En el vuelo lento de los buitres.

La mañana está tan vieja
Que no quiere despertar,
Y la noche se escapa, turbulenta.

Sólo queda una tarde violeta,
Que viste de máscaras al hambre.
Un crepúsculo que muere lento,
Sobre el clamor moreno de un tambor.

Entre las décimas asoma el dicho,

Los adagios sureños de mi abuela

Que la boca risueña y ocurrente,

Lanza por los aires del mundo.

DÉCIMAS A ELSA

I

Tengo parte de tu aliento

Y es algo que mucho importa

Porque dichas me reporta

Al ser gracioso talento

El estar siempre contento

Pues la mente está dispersa

Y en desordenes inmersa,

Porque es vida de alquimista,

También de un genial artista

Esto de andar a la inversa.

II

Ven, Elsa, ven y desvela

Tus graciosas ocurrencias

De arrebatadas vivencias

En esta noche sin vela

Que tu secreto revela.

Ven, Elsa, el jazmín te espera,

Pues llegó la primavera

Y todo es una revuelta

Donde ya quieren devuelta

A su sabia consejera.

III

Fuiste por sendas amenas

En un canto enamorado

Y de tu vientre rosado

Se formaron diez colmenas

Con sus risas y sus penas,

Pero te llamó el destino

Y partiste a lo divino,

Dejando a las abejitas

Cosechando margaritas

Sin reina en peculiar reino.

Recóndita miseria,

De tiempos trasnochados.

AHÍ ESTÁS

Hoy descansas magnífico,

En los placeres de la muerte,

Bailando lento con una muchacha

De carne firme y lengua parolina.

Ay, Charlie, cómo alegras al cielo,

Gustando del vino, del trasnoche

Y de las putas con sus devaneos.

Insurrecto te llamaron

En la iglesia y en la plaza,

Pero lo que juzgan los hombres,

No es lo mismo que aprecia Dios

Y ahí estás, en la divinidad

Riendo con los santos, haciendo versos,

Porque, amigo mío,

En la Tierra fuiste pura bondad.

¡Oh Dios! loca estoy, porque he escuchado a su sombra.

VIEJOS

El conductor era viejo.

De su mentón gajos blancos,

Desmarañados y sueltos,

Una vieja enredadera.

Sus arrugas eran pliegues

Y repliegues de los tiempos.

Su tren silbaba humo negro

Mientras lento recorría

Puentes, montes y laderas.

Se oyó un susurro, un silbato

Penoso como quebranto

Que anunció el último viaje,

Un cansancio compartido

Y con el andar pausado

Se fueron de riel en riel.

Ambos, viejos como el tiempo.

A TI, MIS VERSOS

Es mi arma la palabra que a ti llega,

Trozos de mi alma imaginada,

Esperanzada en un hallazgo alegre,

En tu lazo amante

De repentino amparo.

El que me sujeta a la vida.

FUTURO

Los nuevos aires se aproximan.

Y con ellos,

Se ven luces,

Recorriendo la inmensidad.

No sé si son perlas,

No sé si son brillos de arena.

Me parecen estrellas

Que titilan en lo alto.

www.ingramcontent.com/pod-product-compliance
Lightning Source LLC
Chambersburg PA
CBHW061510040426
42450CB00008B/1551